AF153096

Impressum
Verlag: BABADADA GmbH, Nedderfeld 112 , 22529 Hamburg
Geschäftsführer / Verlagsleitung: Harald Hof
Druck: Books on Demand GmbH, In de Tarpen 42, 22848 Norderstedt

Imprint
Publisher: BABADADA GmbH, Nedderfeld 112 , 22529 Hamburg, Germany
Managing Director / Publishing direction: Harald Hof
Print: Books on Demand GmbH, In de Tarpen 42, 22848 Norderstedt

kool

sakola

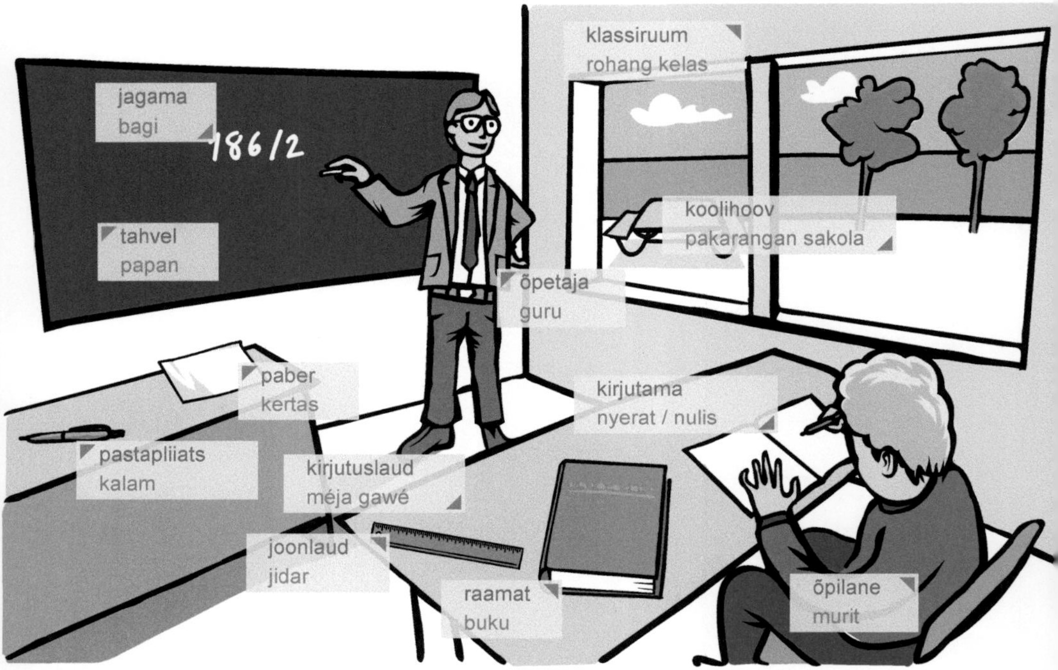
klassiruum
rohang kelas
jagama
bagi
186/2
tahvel
papan
koolihoov
pakarangan sakola
õpetaja
guru
paber
kertas
kirjutama
nyerat / nulis
pastapliiats
kalam
kirjutuslaud
méja gawé
joonlaud
jidar
raamat
buku
õpilane
murit

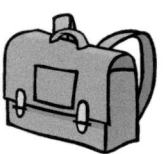

koolikott

tas sakola

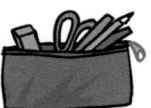

pinal

wadah potlot

harilik pliiats

potlot

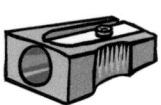

pliiatsiteritaja

rautan potlot

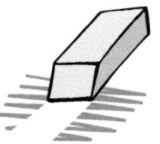

kustukumm

pamupus

joonistusplokk

kertas gambar

joonistus

gambar

pintsel

kuas cét

värvikarp

kotak cét

käärid

gunting

liim

lém

töövihik

buku latihan

kodutöö

péér

number

angka

liitma

nambahkeun

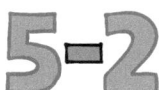

lahutama

kurang

korrutama

kali

arvutama

ngitung

täht

surat

tähestik

alpabét

sõna

kecap

tekst

téks

lugema

maca

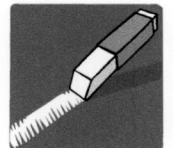

kriit

kapur

koolitund

palajaran

klassipäevik

daptar

eksam

ujian

tunnistus

sértipikat

koolivorm

saragam sakola

haridus

atikan

entsüklopeedia

énsiklopédi

ülikool

univérsitas

mikroskoop

mikroskop

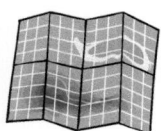

kaart

peta

paberikorv

wadah runtah

reisimine
lalampahan

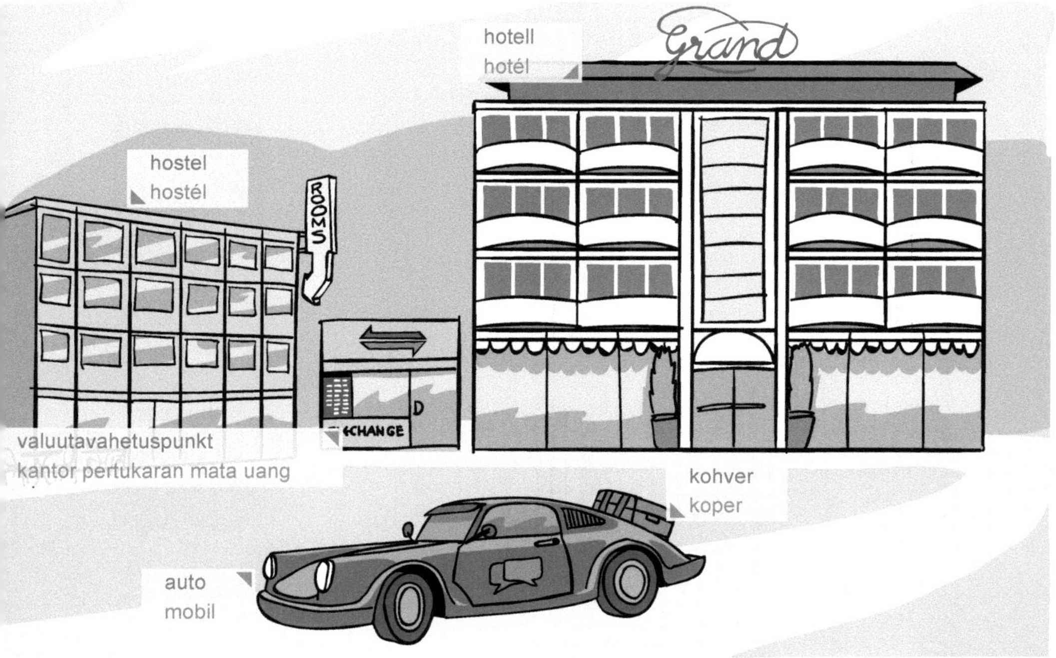

hotell
hotél
Grand
hostel
hostél
ROOMS
EXCHANGE
valuutavahetuspunkt
kantor pertukaran mata uang
kohver
koper
auto
mobil

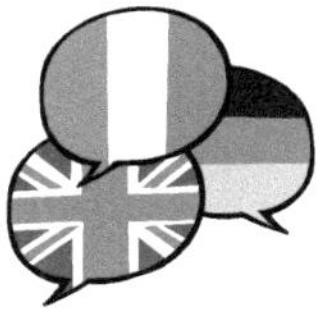

keel

basa

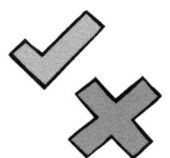

jah / ei

muhun / henteu

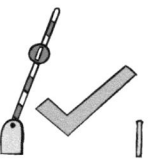

okei

oké

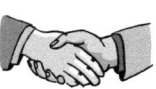

Tere!

hei

tõlk

panarjamah

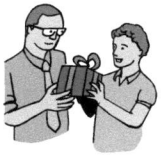

Aitäh!

hatur nuhun

Kui palju maksab …?

sabaraha hargana…?

Ma ei saa aru

abdi teu ngartos

probleem

masalah

Tere õhtust!

Wilujeng wengi!

Tere hommikust!

Wilujeng siang!

Head ööd!

Wilujeng wengi!

Head aega!

mugi patepang deui

suund

arah

pagas

bagasi

kott

kantong

seljakott

ransel

külaline

tamu

tuba

rohang

magamiskott

kantong saré

telk

tenda

turismiinfo

informasi wisata

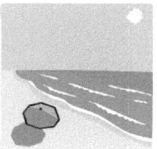

rand

pantai

krediitkaart

kartu krédit

hommikusöök

sarapan

lõunasöök

dahar beurang

õhtusöök

dahar peuting

pilet

tikét

lift

lift

postmark

perangko

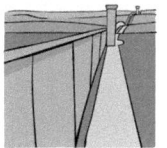

riigipiir

wates

toll

cukai

saatkond

kedutaan

viisa

visa

pass

paspor

transport

transportasi

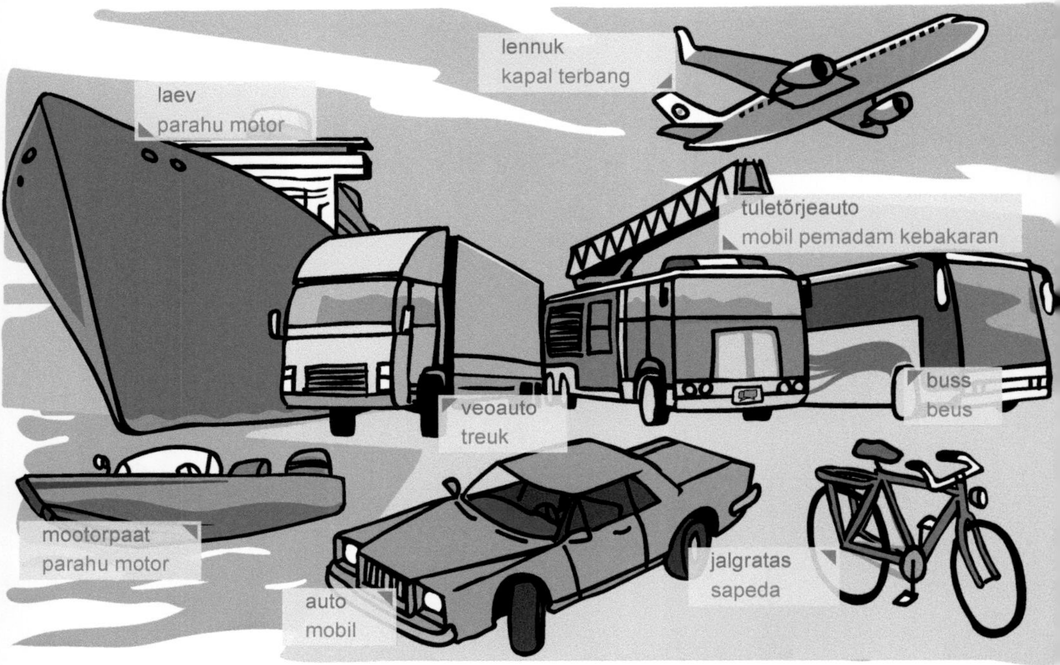
lennuk
kapal terbang
laev
parahu motor
tuletõrjeauto
mobil pemadam kebakaran
buss
beus
veoauto
treuk
mootorpaat
parahu motor
jalgratas
sapeda
auto
mobil

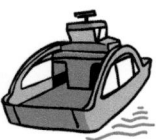

praam

kapal féri

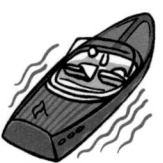

paat

parahu

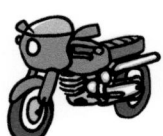

mootorratas

sapeda motor

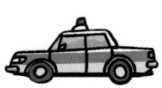

politseiauto

mobil pulisi

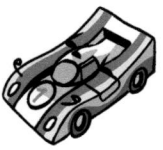

võidusõiduauto

mobil balap

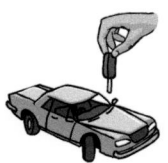

rendiauto

mobil nyéwa

ühisauto

mobil babarengan

puksiirauto

treuk dérék

prügiauto

treuk runtah

mootor

motor

kütus

bahan bakar

tankla

bénsin

liiklusmärk

tanda lalulintas

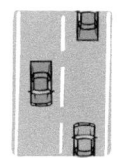

liiklus

lalulintas

liiklusummik

macét

parkla

parkir mobil

raudteejaam

stasiun karéta

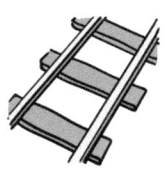

rööpad

trék

rong

karéta api

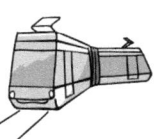

tramm

tram

vagun

garobag

helikopter

hélikopter

lennujaam

bandara

torn

munara

reisija

panumpang

konteiner

konténer

pappkast

karton

käru

troli

korv

karanjang

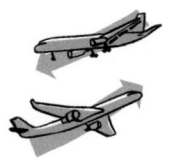

õhku tõusma / maanduma

terbang / landas

linn

kota

küla

kampung

kesklinn

tengah kota

maja

imah

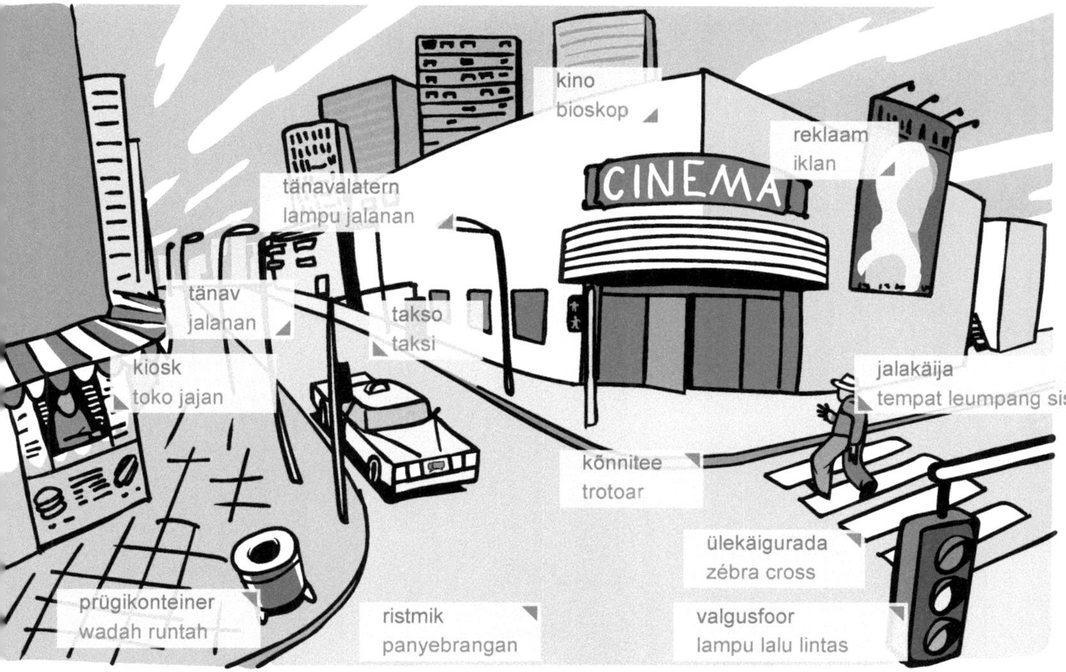

City scene labels

kino / bioskop

reklaam / iklan

tänavalatern / lampu jalanan

tänav / jalanan

takso / taksi

kiosk / toko jajan

jalakäija / tempat leumpang sis

kõnnitee / trotoar

ülekäigurada / zébra cross

prügikonteiner / wadah runtah

ristmik / panyebrangan

valgusfoor / lampu lalu lintas

osmik
gubuk

kortermaja
imah flat

raudteejaam
stasiun karéta

raekoda
balai kota

muuseum
museum

kool
sakola

ülikool

univérsitas

pank

bank

haigla

rumah sakit

hotell

hotél

apteek

farmasi

kontor

kantor

raamatupood

toko buku

kauplus

toko

lillepood

toko kembang

supermarket

supermarkét

turg

pasar

kaubamaja

swalayan

kalapood

nalayan

kaubanduskeskus

pusat balanja

sadam

palabuan

park
kebon

pink
korsi

sild
sasak

trepp
tangga

metroo
kareta bawah tanah

tunnel
torowongan

bussipeatus
halte beus

baar
bar

restoran
restoran

postkast
kotak surat

tänavasilt
tanda jalan

parkimisautomaat
meteran parkir

loomaaed
kebon binatang

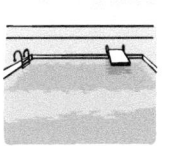

ujula
kolam renang

mošee
masigit

talu
pertanian

reostus
polusi

surnuaed
kuburan

kirik
gareja

mänguväljak
tempat ulin

tempel
pura

maastik
pamandangan

leht
daun

teeviit
panunjuk arah

tee
jalanan

aas
ladang jukut

kivi
batu

puu
tangkal

matkaja
tukang leumpang

jõgi
susukan

rohi
jukut

lill
kembang

org
lengkob

mägi
bukit

järv
tasik

mets
leuweung

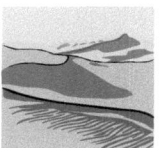

kõrb
gurun

vulkaan
gunung marapi

linnus
karaton

vikerkaar
katumbiri

seen
suung

palm
tangkal palem

sääsk
reungit

kärbes
laleur

sipelgas
sireum

mesilane
nyiruan

ämblik
lamat lancah

mardikas

nyiruan

konn

bangkong

orav

bajing

siil

landak

jänes

kalinci

öökull

bueuk

lind

manuk

luik

soang

metssiga

bagong

hirv

kijang

põder

kijang

pais

bendungan

tuuleturbiin

turbin angin

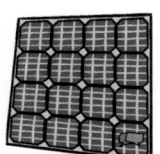

päikesepaneel

panél surya

kliima

iklim

restoran

restoran

kelner
badega
menüü
menu
tool
korsi
supp
sop
pitsa
pitsa
söögiriistad
parkakas dahar
laudlina
taplak

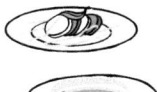

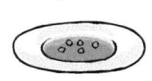

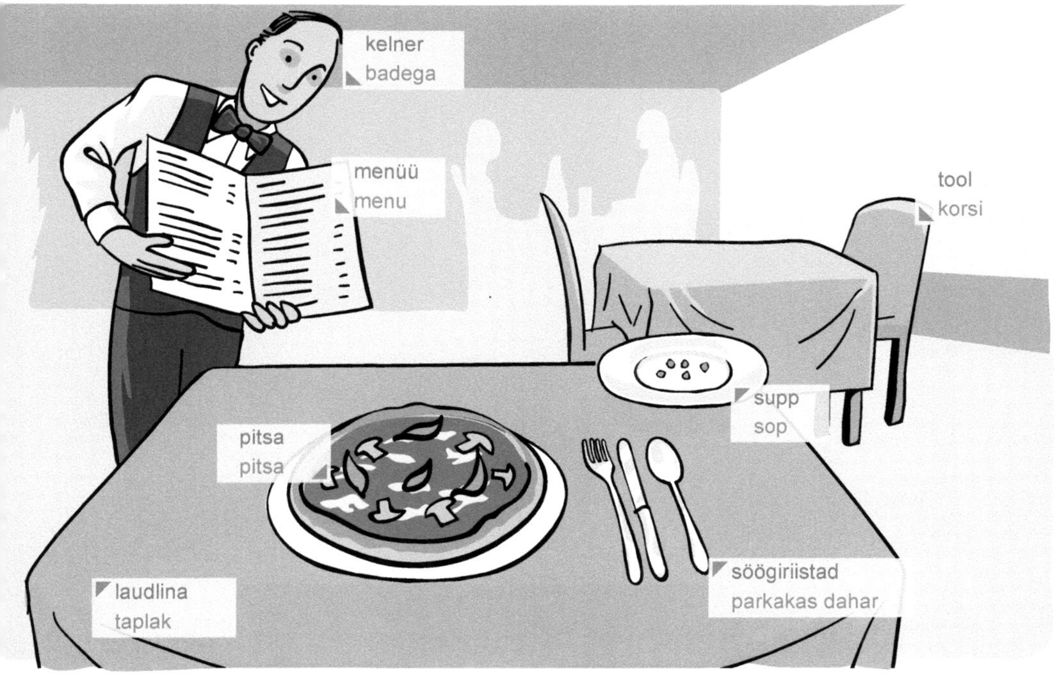

eelroog

hidangan pembuka

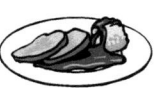

pearoog

hidapan utama

magustoit

hidangan penutup

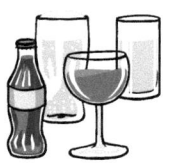

joogid

inuman

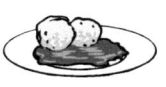

toit

dahareun

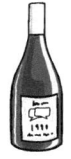

pudel

botol

kiirtoit

dahareun cepat saji

tänavatoit

jajanan sisi jalan

teekann

téko téh

suhkrutoos

wadah gula

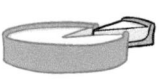

portsjon

porsi

espressomasin

mesin éspréso

lastetool

korsi jangkung

arve

tagihan

kandik

baki

nuga

péso

kahvel

garpu

lusikas

séndok

teelusikas

séndok téh

salvrätik

serbét

klaas

gelas

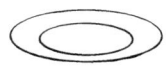

taldrik

piring

supitaldrik

mangkok sop

alustass

pisin

kaste

saos

soolatoos

wadah uyah

pipraveski

panggiling pedes

äädikas

cuka

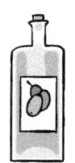

õli

minyak

vürtsid

bumbu

ketšup

saos tomat

sinep

mustard

majonees

mayonés

eripakkumine
tawaran husus

klient
klién

piimatooted
produk susu

puuviljad
buah

ostukäru
troli

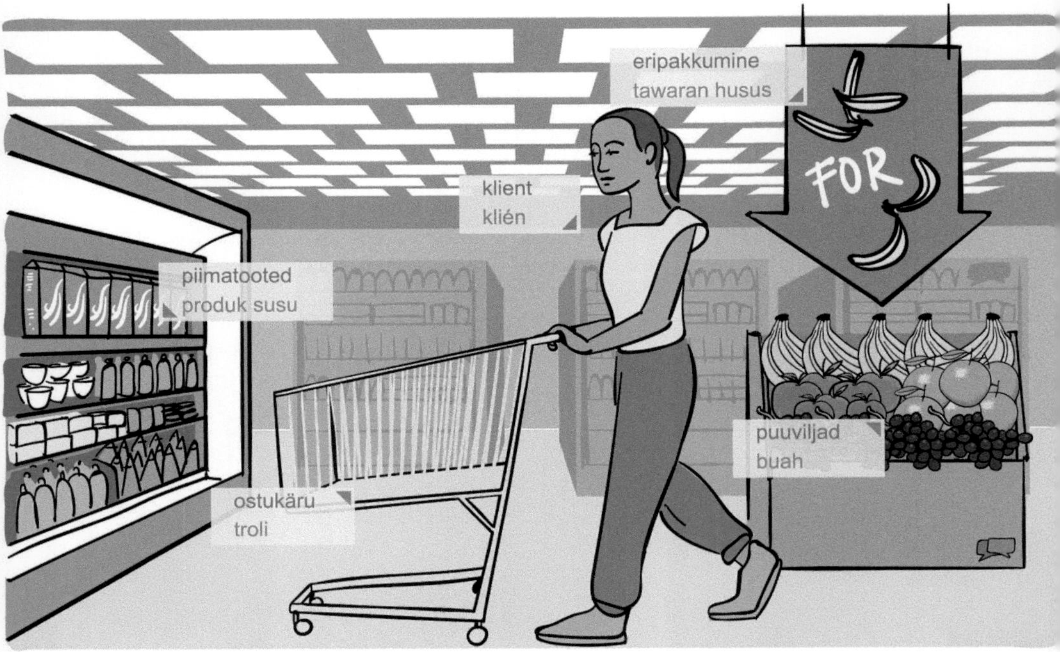

lihapood

tukang meuncit

pagariäri

toko roti

kaaluma

nimbang

köögiviljad

sayur

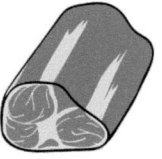

liha

daging

külmutatud toit

tuangeun beku

lihalõigud
alat potong daging

konservid
dahareun kaléng

pesupulber
sabun serbuk

maiustused
permén

majatarbed
perkakas rumah tangga

puhastustooted
produk pembersih

müüja
tukang jualan

kassaaparaat
kasa

kassapidaja
kasir

ostunimekiri
daftar balanja

lahtiolekuajad
jam buka

rahakott
dompét

krediitkaart
kartu krédit

kott
kantong

kilekott
kantong palastik

vesi
cai

mahl
jus

piim
susu

koola
kola

vein
anggur

õlu
arak

alkohol
arak

kakao
coklat

tee
téh

kohv
kopi

espresso
éspréso

cappuccino
kapucino

banaan

pisang

õun

apel

apelsin

jeruk

arbuus

samangka

sidrun

lémon

porgand

wortel

küüslauk

bawang bodas

bambus

awi

sibul

bawang bombai

seen

suung

pähklid

suuk

nuudlid

emih

spagetid
....
spagéti

riis
....
sangu

salat
....
salat

friikartulid
....
kentang goréng

praekartulid
....
kentang goréng

pitsa
....
pitsa

hamburger
....
hamburger

võileib
....
roti lapis

šnitsel
....
sakeureut daging

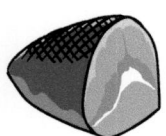

sink
....
ham

salaami
....
salami

vorst
....
sosis

kana
....
hayam

praeliha
....
ngagoreng

kala
....
lauk

kaerahelbed

bubur gandum

müsli

séréal

maisihelbed

cornflakes

jahu

tarigu

sarvesai

croissant

kukkel

roti

leib

roti

röstsai

roti panggang

küpsised

biskuit

või

mantéga

kohupiim

dadih

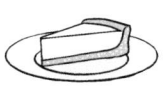

kook

kuéh

muna

endog

praemuna

goréng endog

juust

keju

jäätis
eskrim

suhkur
gula

mesi
madu

moos
selé

pähklivõie
krim coklat

karri
karé

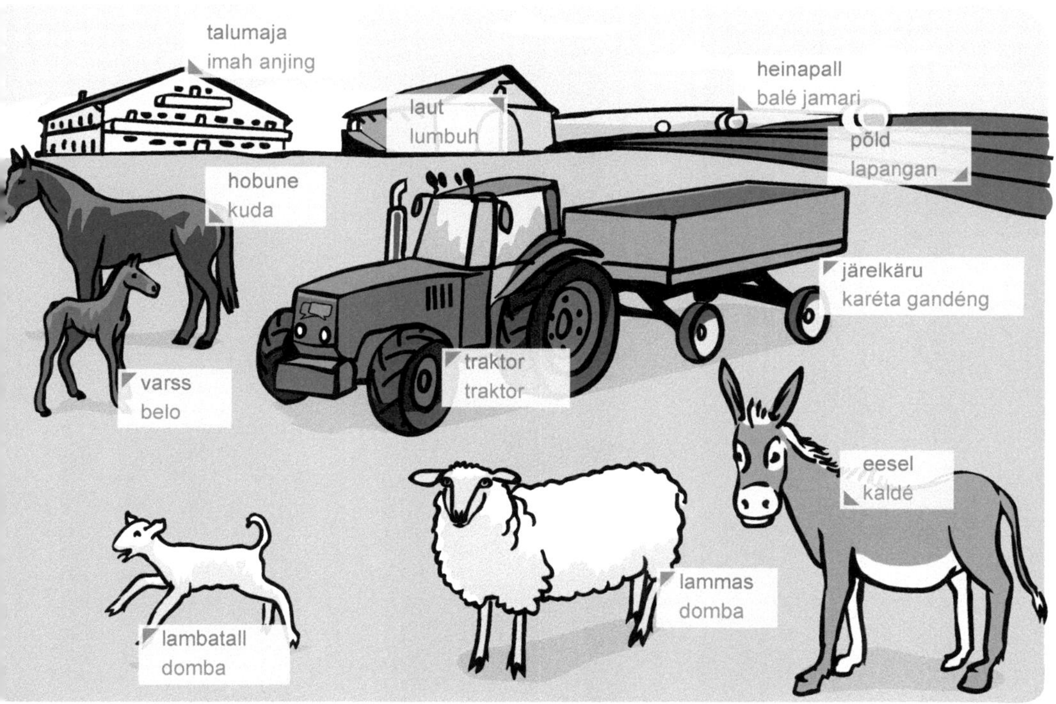

talumaja
imah anjing

heinapall
balé jamari

laut
lumbuh

põld
lapangan

hobune
kuda

järelkäru
karéta gandéng

varss
belo

traktor
traktor

eesel
kaldé

lambatall
domba

lammas
domba

kits

embé

lehm

sapi

vasikas

bitis

siga

bagong

põrsas

babi

pull

banténg

hani

soang

part

éntog

tibu

pitik

kana

hayam

kukk

hayam jago

rott

beurit

kass

ucing

hiir

beurit

härg

sapi

koer

anjing

koerakuut

imah anjing

aiavoolik

selang

kastekann

kaléng nyiram

vikat

arit panjang

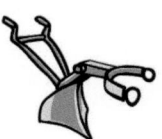

ader

ngabajak

sirp

arit

kõblas

pacul

hang

garpuh jukut

kirves

kapak

käru

gorobah

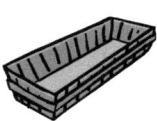

küna

palung

piimanõu

kaléng susu

kott

karung

tara

pager

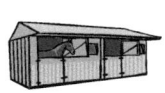

tall

kandang

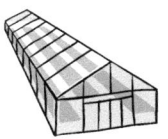

kasvuhoone

imah kaca

muld

taneuh

seeme

benih

väetis

pupuk

kombain

mesin permén

saaki koristama

panén

saagikoristus

panén

jamss

yams

nisu

gandum

soja

kedelé

kartul

kentang

mais

jagong

raps

lobak

viljapuu

tangkal buah

maniokk

sampeu

teravili

séréal

maja
imah

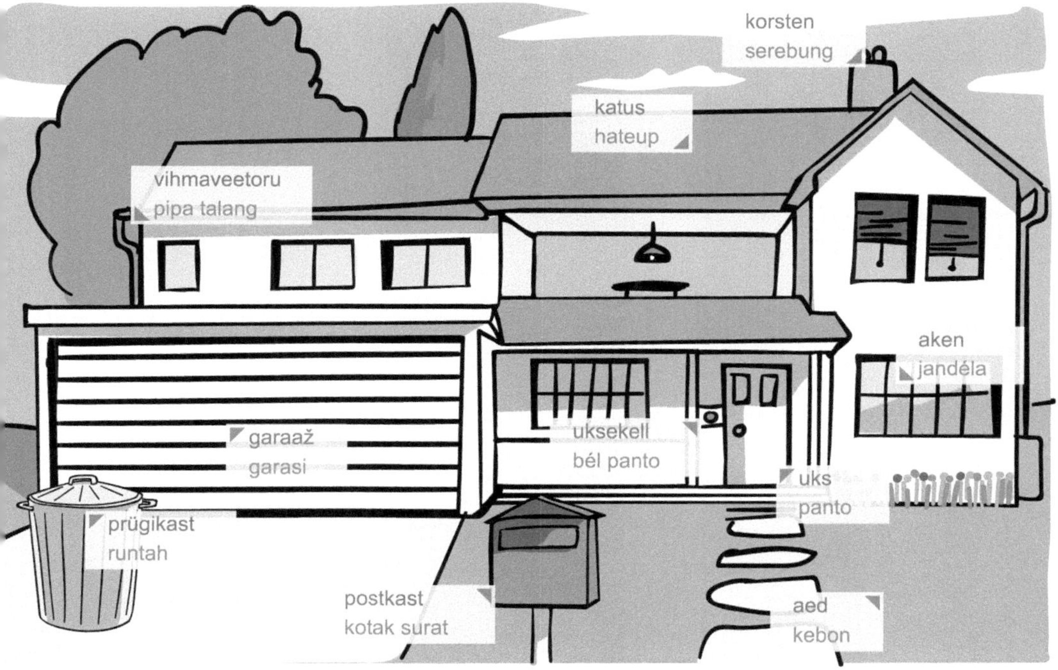
korsten
serebung
katus
hateup
vihmaveetoru
pipa talang
aken
jandéla
garaaž
garasi
uksekell
bél panto
uks
panto
prügikast
runtah
postkast
kotak surat
aed
kebon

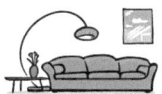

elutuba
rohang tamu

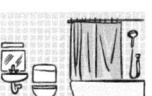

vannituba
kamar ibak

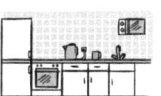

köök
dapur

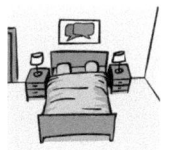

magamistuba
pangkéng

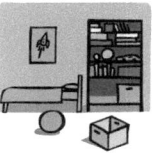

lastetuba
kamar budak

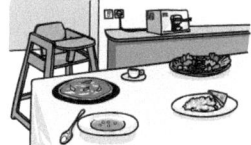

söögituba
kamar makan

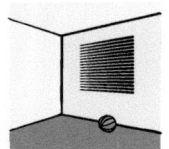

põrand
téhel

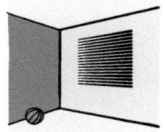

sein
tembok

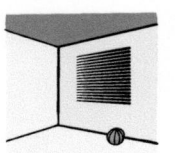

lagi
hateup

kelder
gudang di handap imah

saun
sauna

rõdu
balkon

terrass
tepas

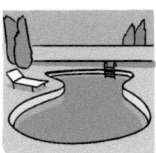

bassein
kolam renang

muruniiduk
mesin pamotong jukut

voodilina
sepré

päevatekk
simbut

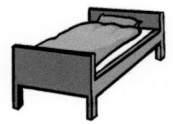

voodi
ranjang

luud
sapu

ämber
émbér

lüliti
tombol

elutuba
rohang tamu

tapeet
kertas tembok
pilt
gambar
lamp
lampu
riiul
rak
kapp
kabinét
televiisor
télévisi
kamin
hawu
lill
kembang
padi
bantal
diivan
sofa
vaas
vas
kaugjuhtimispult
kadali jauh

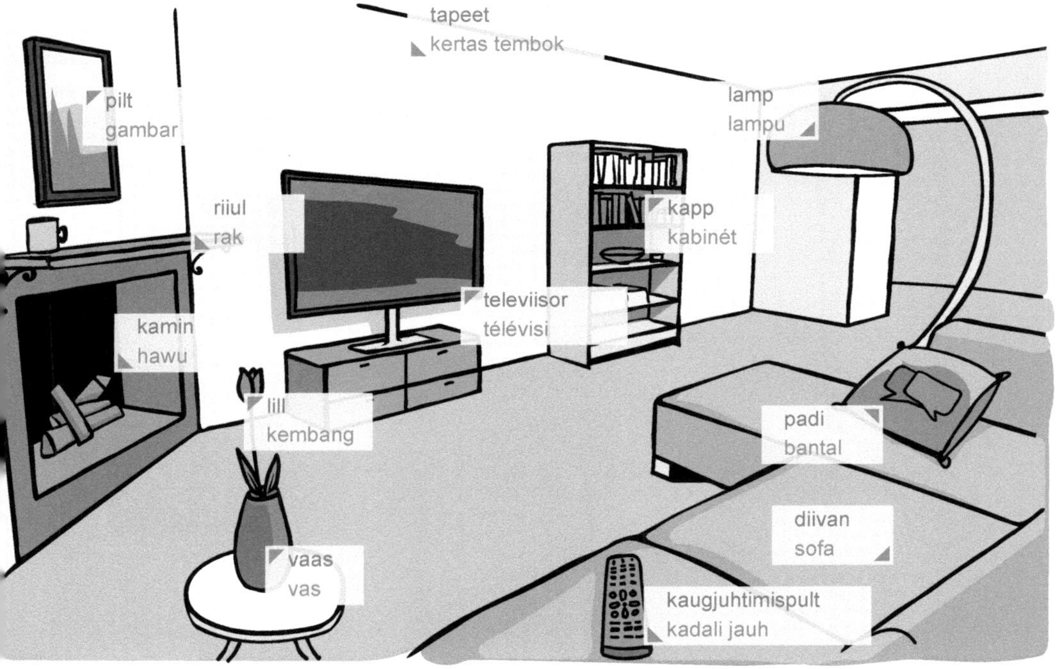

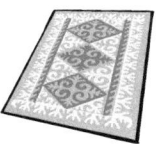

vaip
karpét

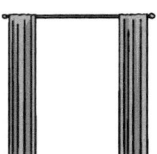

kardin
hordéng

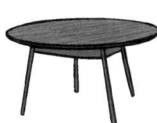

laud
meja

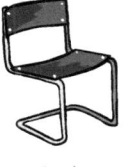

tool
korsi

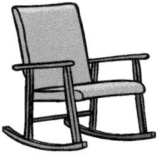

kiiktool
korsi goyang

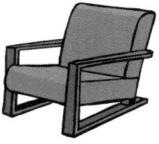

tugitool
korsi malas

raamat
buku

tekk
simbut

kaunistus
dékorasi

küttepuud
suluh

film
pilem

helisüsteem
hi-fi

võti
konci

ajaleht
surat kabar

maal
lukisan

plakat
poster

raadio
radio

märkmik
buku tulis

tolmuimeja
panyedot kebul

kaktus
kaktus

küünal
lilin

köök
dapur

külmik
kulkas
mikrolaineahi
mesin pamanggang
köögikaal
timbangan
röster
panggangan roti
pesuvahend
sabun seuseuh
ahi
open
sügavkülmik
lomari es
prügikast
runtah
nõudepesumasin
mesin kukumbah wadah

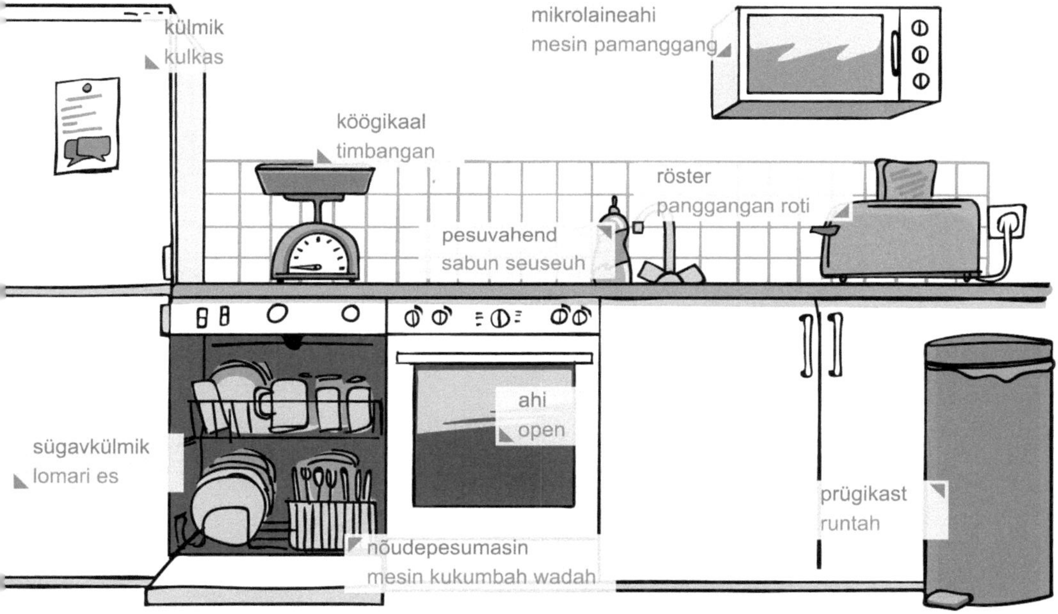

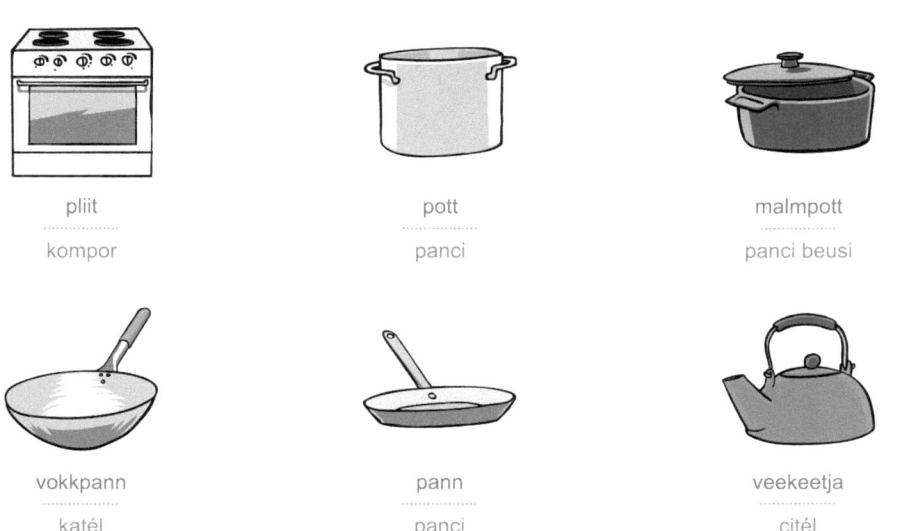

pliit

kompor

pott

panci

malmpott

panci beusi

vokkpann

katél

pann

panci

veekeetja

citél

aurutaja

langseng

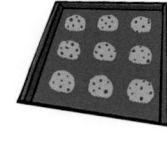

küpsetusplaat

baki

lauanõud

piring

kruus

cangkir

kauss

mangkok

söögipulgad

sumpit

kulp

sendok sop

pannilabidas

sérok

vispel

pangocok

kurn

ayakan

sõel

saringan

riiv

parutan

uhmer

mortar

grill

daging bakar

lahtine tuli

suluh

lõikelaud

papan pamotong

tainarull

gilingan

korgitser

alat pambuka tutup botol

konservipurk

kaléng

konserviavaja

pambuka kaléng

pajakinnas

gagang panci

kraanikauss

tilelep

hari

sikat

pesukäsn

busa

kannmikser

blénder

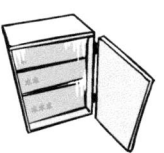

sügavkülmuti

lomari es

lutipudel

botol orok

segisti

keran

vannituba
kamar ibak

küte
mesin pamanas
dušš
ibak
käterätik
anduk
dušikardin
hordeng kamar ibak
mullivann
mandi busa
vann
bak mandi
klaas
gelas
pesumasin
mesin cuci
segisti
keran
plaadid
téhel
pissipott
pispot
kraanikauss
tilelep

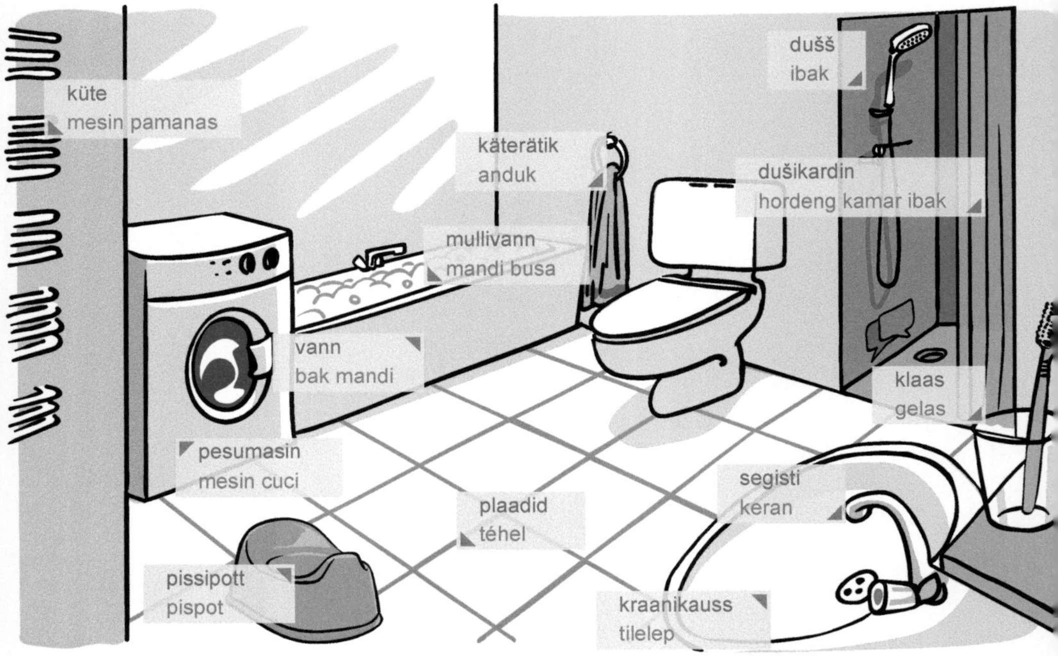

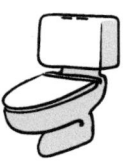

WC-pott

jamban

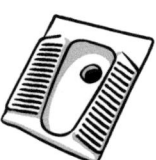

kükitamistualett

cubluk

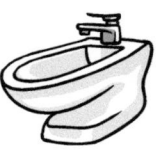

bidee

bidét

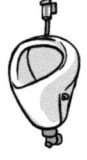

pissuaar

urinal

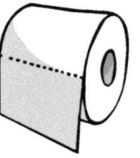

tualettpaber

kertas jamban

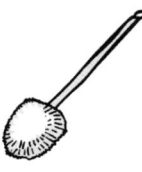

WC-hari

sikat jamban

hambahari
sikat huntu

hambapasta
odol

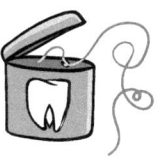

hambaniit
benang gigi

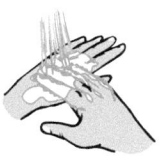

pesema
nyeuseuh

käsidušš
kokocoran leungeun

intiimdušš
kukucuran

pesukauss
bak

seljahari
panyikat tonggong

seep
sabun

dušigeel
gel ibak

šampoon
sampo

vamm
planél

äravool
nguras

kreem
krim

deodorant
déodoran

peegel
eunteung

käsipeegel
eunteung leungeun

habemenuga
péso cukur

raseerimisvaht
busa cukur

habemevesi
krim cukur

kamm
sisir

hari
sikat

föön
alat panggaring rambut

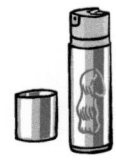

juukselakk
semprotan rambut

meigikomplekt
pangrias beungeut

huulepulk
lipstik

küünelakk
cét kuku

vatt
kapas

küünekäärid
gunting kuku

parfüüm
minyak seungit

tualett-tarvete kott

kantong seuseuh

taburet

bangku

kaal

timbangan

hommikumantel

baju mandi

kummikindad

sarung tangan karét

tampoon

sampon

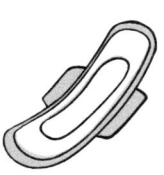

hügieeniside

handuk pembalut

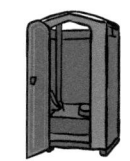

keemiline tualett

jamban kimia

lastetuba

kamar budak

äratuskell
jam alarem
pehme mänguasi
boneka
mänguauto
momobilan
kõristi
kelintung
nukumaja
imah bonéka
kingitus
kado

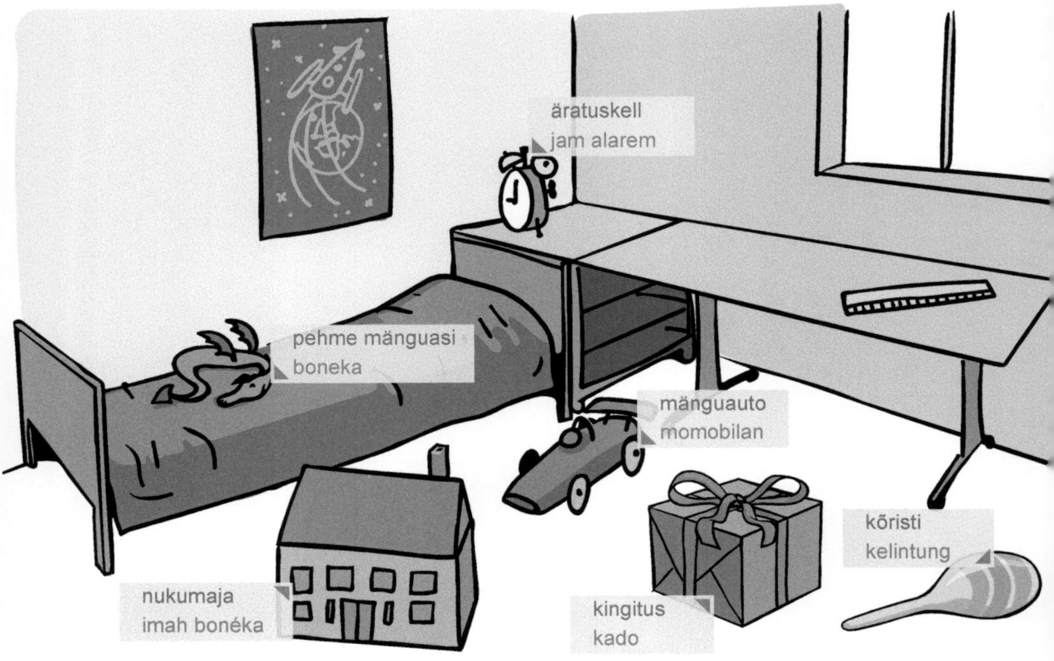

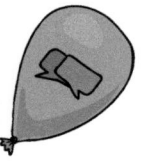

õhupall

balon

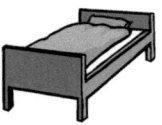

voodi

ranjang

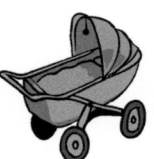

lapsevanker

karéta orok

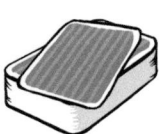

kaardipakk

kartu

pusle

tatarucingan

SUPER
MEGA

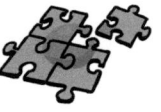

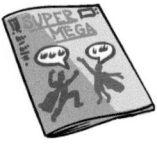

koomiks

komik

Lego klotsid

kaulinan lego

klotsid

kaulinan bentuk blok

kujuke

figur tokoh

siputuspüksid

baju budak

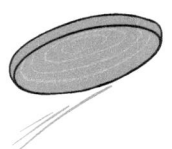

lendav taldrik

frisbee

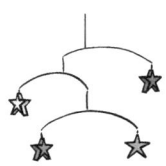

voodikarussell

mobile

lauamäng

papan gim

täringud

dadu

mudelrong

set model kareta api

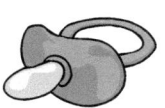

lutt

endot

pidu

pihak

pildiraamat

buku gambar

pall

bal

nukk

bonéka

mängima

ulin

liivakast

wadah pasir maénan

kiik

ayunan

mänguasjad

kaulinan

mängukonsool

video gim konsol

kolmerattaline jalgratas

sapedah roda tilu

mängukaru

bonéka beruang

riidekapp

lomari baju

riietus

acuk

sokid

kaos kaki

sukad

kaos kaki

sukkpüksid

baju ketat

sall
syal

vöö
beubeur

vihmavari
payung

T-särk
kaos

tossud
sapatu

saapad
sapatu bot

sussid
sendal

| sandaalid | jalatsid | kummikud |
| sendal | sapatu | sapatu bot karét |

| aluspüksid | rinnahoidja | vest |
| cangcut | kutang | baju rompi |

bodi

awak

püksid

calana

teksapüksid

jins

seelik

rok

pluus

blus

särk

kaméja

sviiter

jakét tiung

dressipluus

baju haneut

bleiser

jakét

jakk

jakét

mantel

jakét

vihmamantel

jas hujan

kostüüm

kostum

kleit

gaun

pulmakleit

gaun pangantén

ülikond

baju resmi

öösärk

baju saré

pidžaama

piyama

sari

sari

pearätt

tiung

turban

turban

burka

burka

kaftan

kaftan

abayah

abaya

ujumistrikoo

baju renang

ujumispüksid

calana renang

lühikesed püksid

calana péndék

dressid

orang raga

põll

celemék

kindad

sarung tangan

nööp

kancing

prillid

kaca soca

käevõru

gelang

kaelakee

kongkorong

sõrmus

ali

kõrvarõngas

giwang

nokamüts

topi

riidepuu

gantungan jakét

kaabu

topi

lips

dasi

tõmblukk

risléting

kiiver

hélem

traksid

tali salémpang

koolivorm

saragam sakola

vormirõivad

saragam

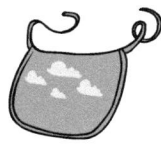

pudipõll

apron orok

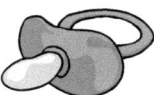

lutt

endot

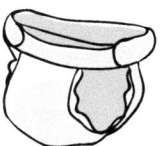

mähe

popok

kontor

kantor

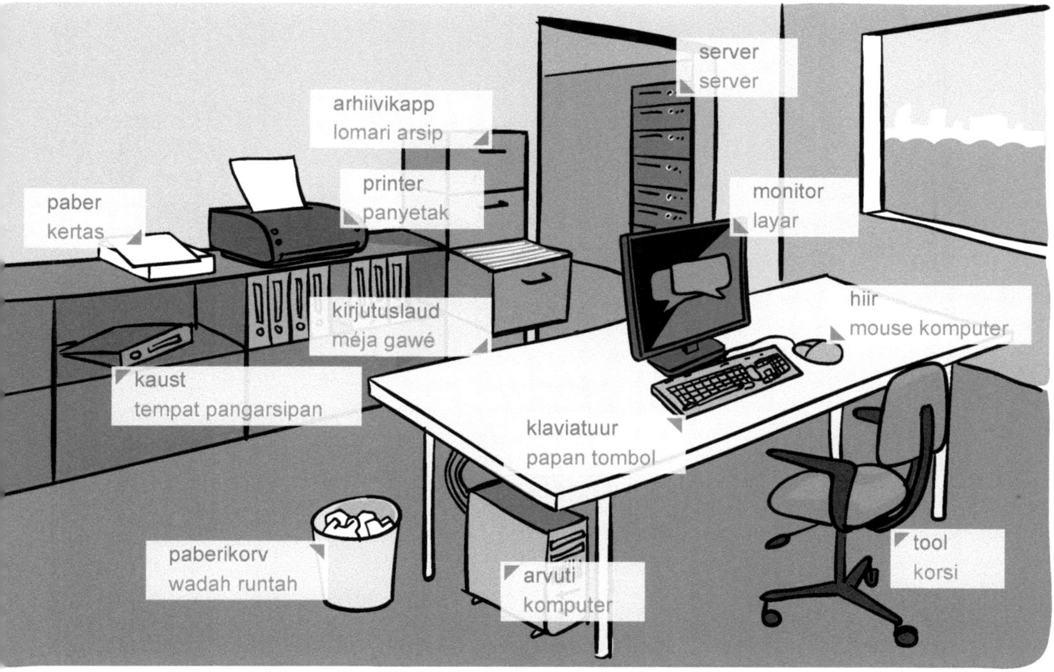
server
server
arhiivikapp
lomari arsip
printer
panyetak
paber
kertas
monitor
layar
kirjutuslaud
méja gawé
hiir
mouse komputer
kaust
tempat pangarsipan
klaviatuur
papan tombol
paberikorv
wadah runtah
arvuti
komputer
tool
korsi

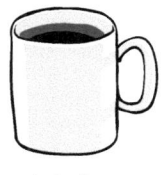

kohvikruus

cangkir kopi

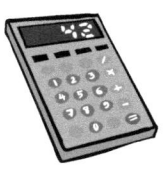

kalkulaator

kalkulator

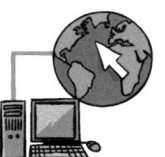

internet

internét

sülearvuti

laptop

kiri

surat

sõnum

pesen

mobiiltelefon

telpon sélulér

võrk

jaringan

koopiamasin

fotokopi

tarkvara

software

telefon

telpon

pistikupesa

plug sokét

faksimasin

mesin fax

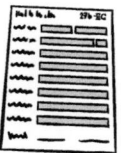

vorm

formulir

dokument

dokumén

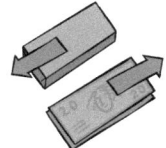

ostma

mésér

maksma

mayar

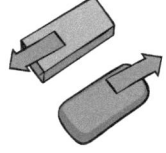

vahetama

dagang

raha

artos

USD

dollar

dollar

EUR

euro

euro

JPY

jeen

yen

RUB

rubla

rubel

CHF

Šveitsi frank

Franc swiss

CNY

renminbi jüaan

renminbi yuan

INR

ruupia

rupiah

sularahaautomaat

ATM

valuutavahetuspunkt

kantor pertukaran mata uang

kuld

emas

hõbe

pérak

nafta

minyak

energia

énérgi

hind

harga

leping

kontrak

maks

pajak

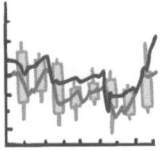

aktsia

saham

töötama

gawé

töötaja

karyawan

tööandja

dunungan

tehas

pabril

kauplus

toko

ametid
pagawéan

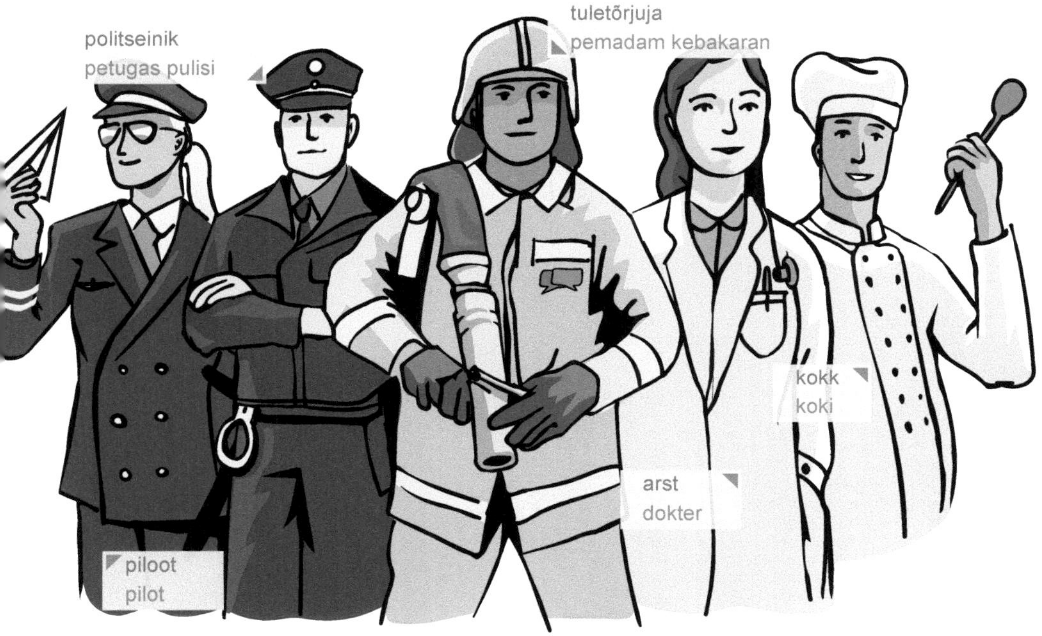
tuletõrjuja
pemadam kebakaran
politseinik
petugas pulisi
kokk
koki
arst
dokter
piloot
pilot

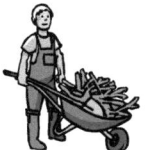

aednik

tukan kebon

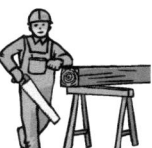

puusepp

tukang kai

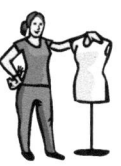

õmbleja

tukang jait awéwé

kohtunik

hakim

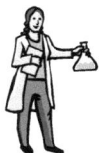

keemik

ahli kimia

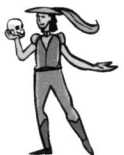

näitleja

aktor

bussijuht

sopir beus

taksojuht

sopir taksi

kalamees

nalayan

koristaja

pembantu

katusepaigaldaja

tukang hateup

kelner

badega

jahimees

tukang muru

maaler

pelukis

pagar

tukang roti

elektrik

tukang listrik

ehitaja

tukang bangun

insener

insinyur

lihunik

tukang daging

torumees

tukang pipa

postiljon

tukang pos

sõdur
tentara

arhitekt
arsiték

kassapidaja
kasir

lillemüüja
tukang kembang

juuksur
tukang salon

piletikontrolör
konduktor

mehaanik
tukang méngkél

kapten
kaptén

hambaarst
dokter gigi

teadlane
ilmuwan

rabi
rabbi

imaam
imam

munk
biarawan

preester
pendéta

tööriistad
alat

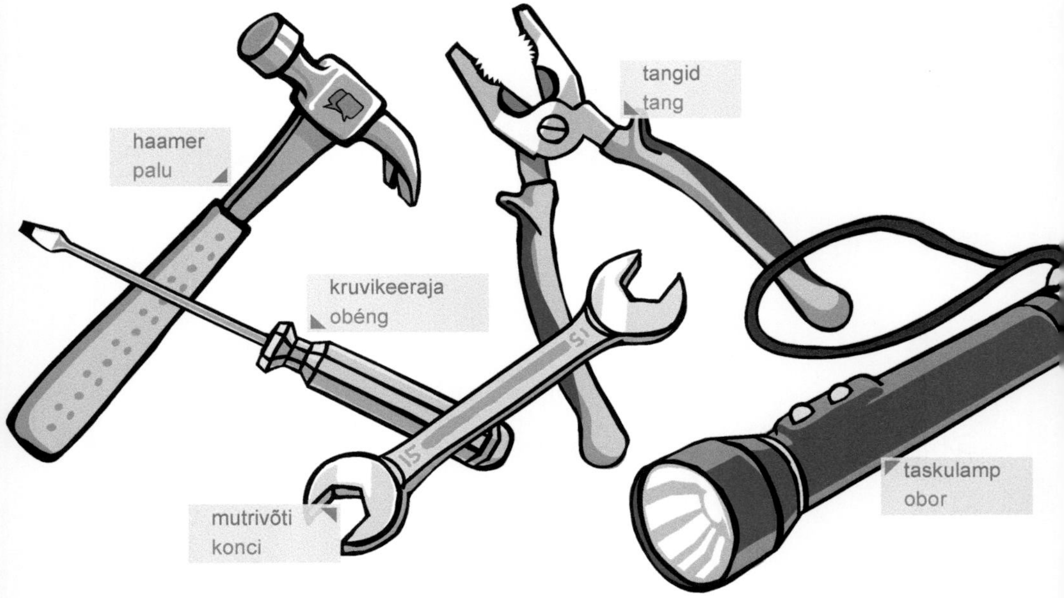
tangid
tang
haamer
palu
kruvikeeraja
obéng
taskulamp
obor
mutrivõti
konci

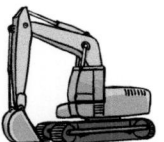

ekskavaator

panggali

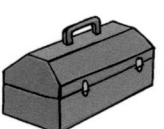

tööriistakast

kantong parkakas

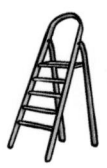

redel

tangga

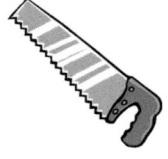

saag

ragaji

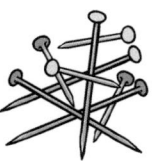

naelad

paku

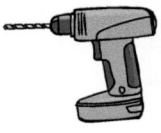

trell

bor

parandama
ngabenerkeun

labidas
sekop

Põrgusse!
Kéhéd!

kühvel
pengki

värvipott
pot cét

kruvid
sekrup bor

pillid
alat musik

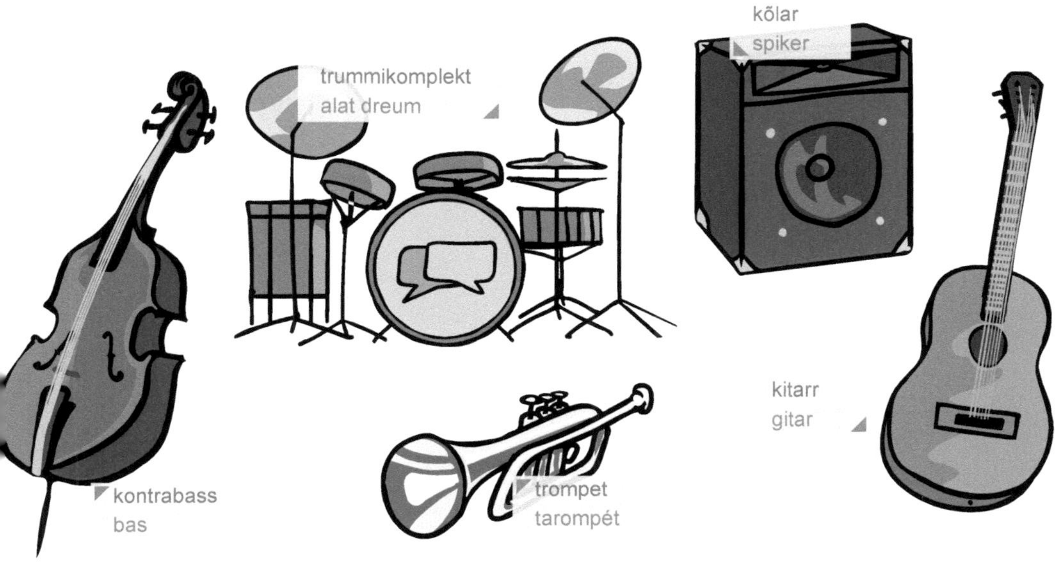

kõlar
spiker

trummikomplekt
alat dreum

kitarr
gitar

kontrabass
bas

trompet
tarompét

klaver
piano

viiul
violin

bass
bas

timpan
tambur

trummid
dreum

süntesaator
keyboard

saksofon
saksofon

flööt
suling

mikrofon
mikrofon

loomaaed
kebon binatang

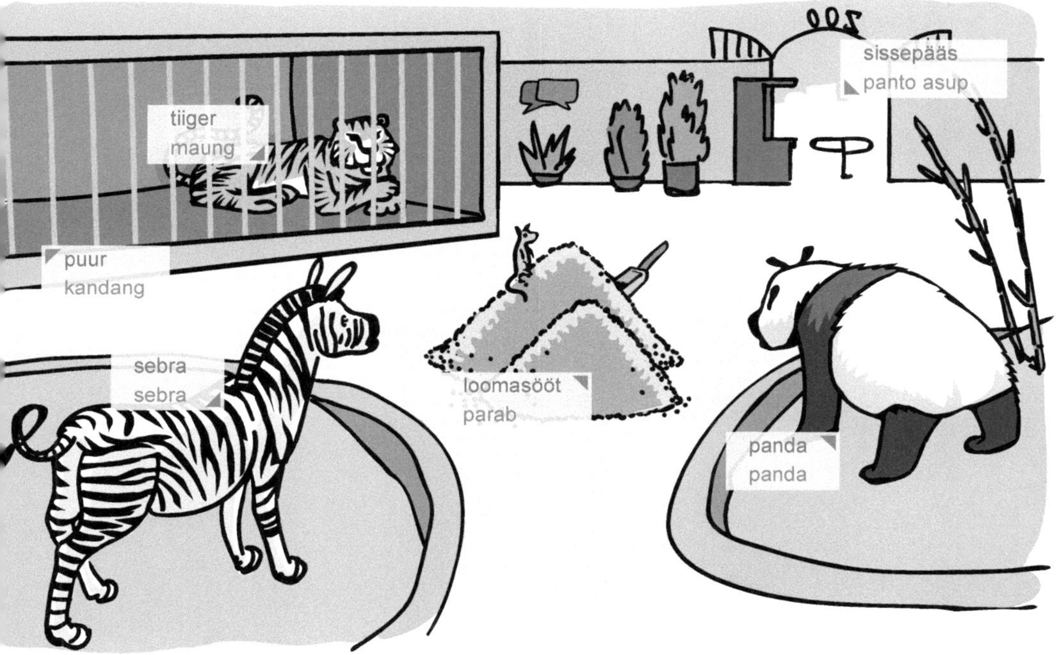

sissepääs
panto asup
tiiger
maung
puur
kandang
sebra
sebra
loomasööt
parab
panda
panda

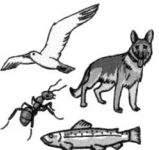

loomad
sato

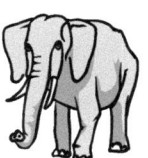

elevant
gajah

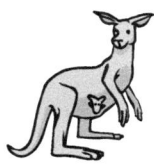

känguru
kanguru

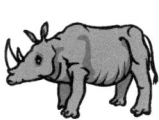

ninasarvik
badak

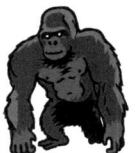

gorilla
gorila

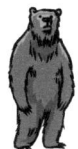

karu
biruang

kaamel
onta

jaanalind
manuk onta

lõvi
singa

ahv
monyét

flamingo
flamingo

papagoi
manuk béo

jääkaru
biruang polar

pingviin
penguin

hai
hiu

paabulind
merak

madu
oray

krokodill
buaya

loomaaiatalitaja
tukang jaga kebon binatang

hüljes
anjing laut

jaaguar
jaguar

poni

kuda poni

leopard

macan tutul

jõehobu

kuda nil

kaelkirjak

jerapah

kotkas

heulang

metssiga

bagong

kala

lauk

kilpkonn

kuya

morsk

anjing laut

rebane

robah

gasell

kijang

Ameerika jalgpall
sepak bola Amérika

jalgrattasõit
sasapédahan

tennis
ténis

korvpall
baskét

ujumine
renang

poksimine
tinju

jäähoki
hoki és

jalgpall
sépak bola

sulgpall
badminton

kergejõustik
atletik

käsipall
bola tangan

suusatamine
ski

polo
polo

naerma
seuri

hüppama
ngaganjleng

kallistama
nangkeup

jalutama
leumpang

laulma
nyanyi

unistama
ngimpén

palvetama
ngadoa

suudlema
nyium

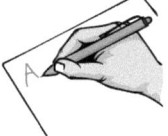

kirjutama

nyerat / nulis

joonistama

ngalukis

näitama

ningalikeun

lükkama

ngadorong

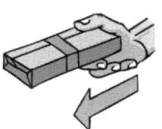

andma

méré

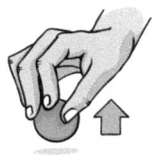

võtma

mawa

omama

boga

tegema

ngalakukeun

olema

nya éta

seisma

tatih

jooksma

lumpat

tõmbama

narik

viskama

malédog

kukkuma

ragrag

lamama

saré

ootama

nungguan

kandma

nyandak

istuma

diuk

riidesse panema

anggé acuk

magama

saré

ärkama

hudang

vaatama

ningali

nutma

méwék

paitama

ngusapan

kammima

nyisir

rääkima

nyarita

aru saama

ngarti

küsima

naros

kuulama

ngadéngé

jooma

nginum

sööma

dahar

korrastama

bébérés

armastama

bogoh

süüa tegema

masak

sõitma

nyetir

lendama

hiber

purjetama

balayar

arvutama

ngitung

lugema

maca

õppima

diajar

töötama

gawé

abielluma

kawin

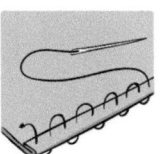

õmblema

ngajait

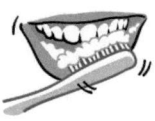

hambaid pesema

sikat huntu

tapma

maéhan

suitsetama

ngarokok

saatma

ngirim

vanaema
nini

vanaisa
aki

isa
bapak

ema
emak

imik
orok

tütar
budak awéwé

poeg
budak lalaki

külaline

tamu

tädi

bibi

onu

emang

vend

aa

õde

tétéh

keha

awak

otsmik
taar
silm
panon
õlg
taktak
sõrm
ramo
nägu
beungeut
lõug
gado
käsi
leungeun
jalg
suku
rind
dada
käsivars
leungeun

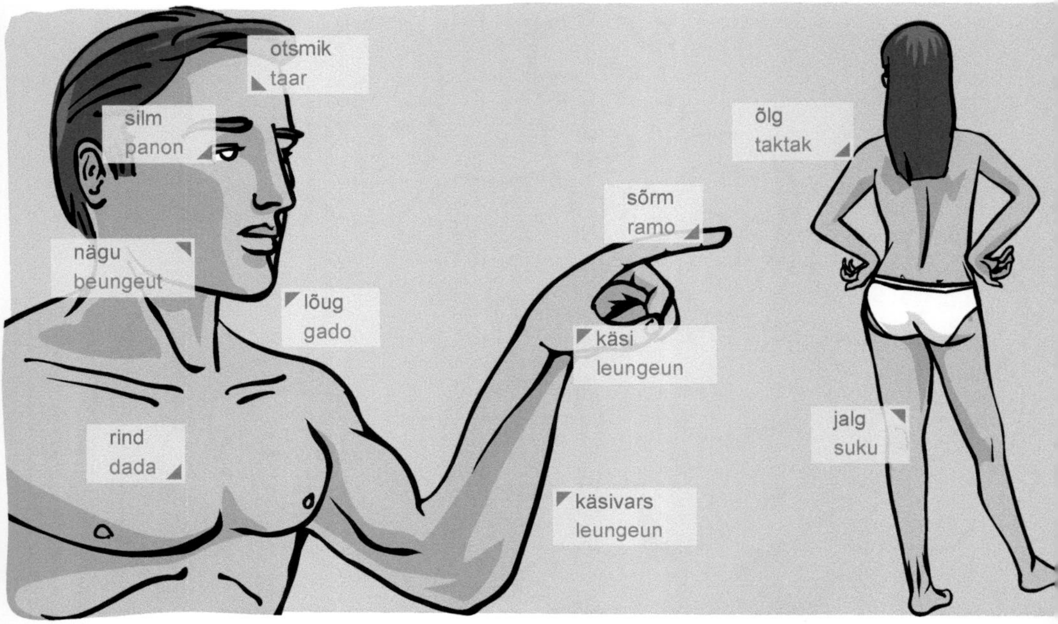

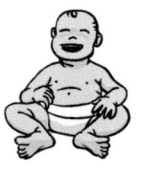

imik
orok

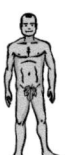

mees
lalaki

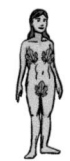

naine
awéwé

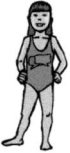

tüdruk
awéwé

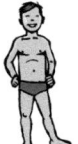

poiss
lalaki

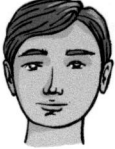

pea
sirah

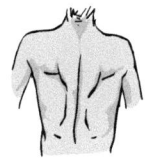

selg

tonggong

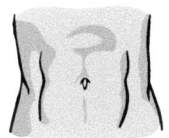

kõht

beuteung

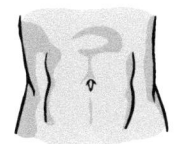

naba

bujal

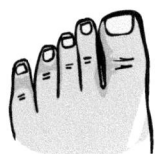

varvas

jempol

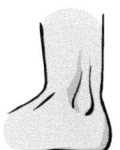

kand

keuneung

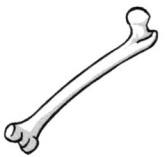

luu

tulang

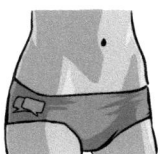

puus

cangkéng

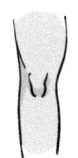

põlv

tuur

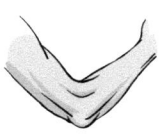

küünarnukk

sikut

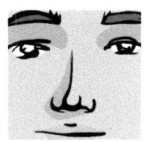

nina

irung

tagumik

bujur

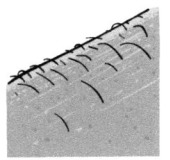

nahk

kulit

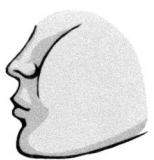

põsk

pipi

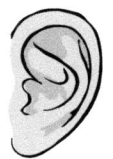

kõrv

ceuli

huuled

biwir

keha - awak

suu
baham

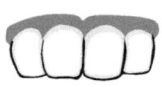

hammas
huntu

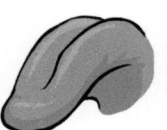

keel
létah

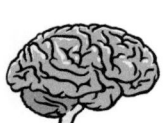

aju
uteuk

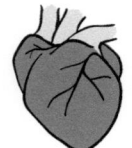

süda
haté

lihas
otot

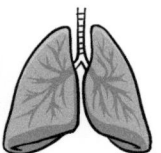

kops
bayah

maks
ati

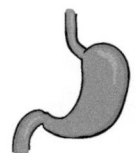

magu
lambung

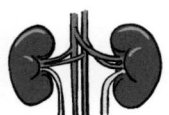

neerud
ginjal

seksuaalvahekord
sapatemon

kondoom
kondom

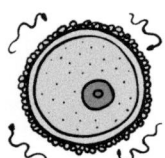

munarakk
sél telur

sperma
spérma

rasedus
kakandungan

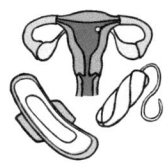

menstruatsioon
....
haid

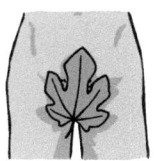

vagiina
....
heunceut

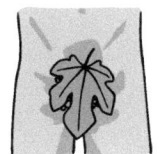

peenis
....
sirit

kulm
....
halis

juuksed
....
buuk

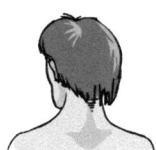

kael
....
beuheung

haigla
rumah sakit

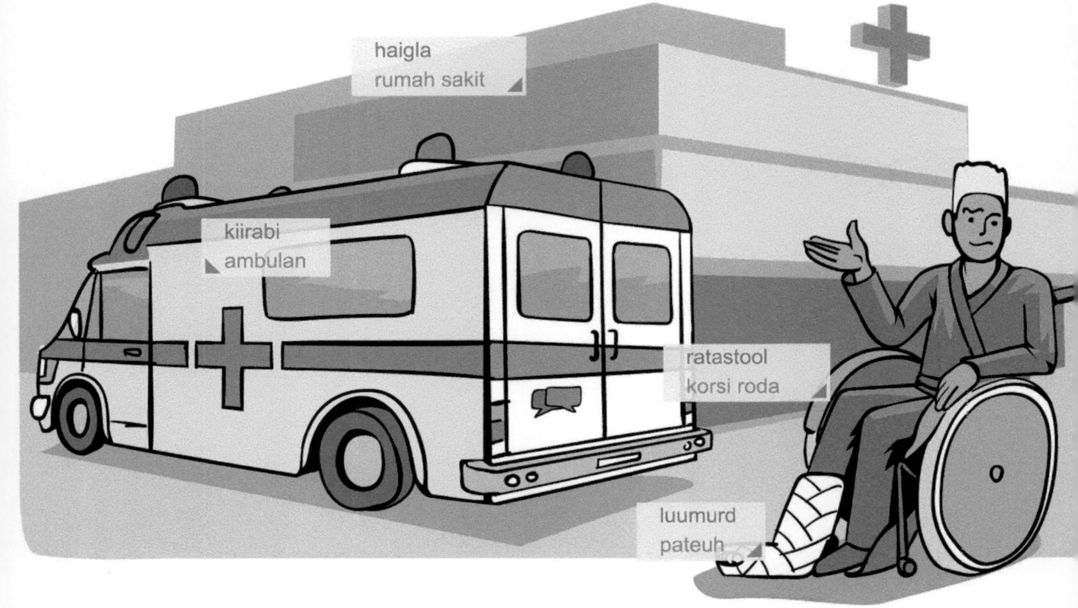

haigla
rumah sakit
kiirabi
ambulan
ratastool
korsi roda
luumurd
pateuh

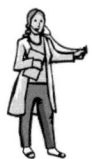

arst

dokter

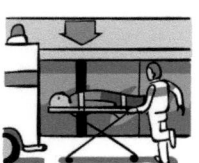

traumapunkt

rohang darurat

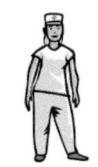

meditsiiniõde

parawat

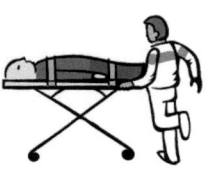

hädaolukord

darurat

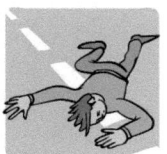

teadvuseta

pingsan

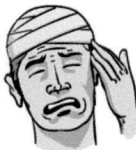

valu

nyeri

vigastus

tatu

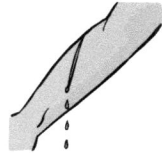

verejooks

ngaluarkeun getih

südamerabandus

jantungan

insult

strok

allergia

alérgi

köha

batuk

palavik

muriang

gripp

salésma

kõhulahtisus

birit

peavalu

rieut

vähk

kanker

diabeet

diabétés

kirurg

ahli bedah

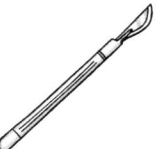

skalpell

péso bedah

operatsioon

operasi

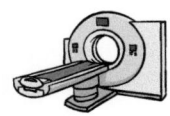

KT
CT

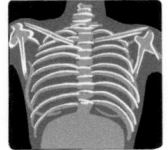

röntgen
sinar x

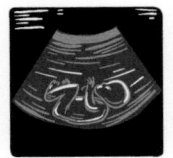

ultraheli
usg

mask
topéng

haigus
panyakit

ooteruum
rohang tunggu

kark
pangrojong

kips
paléstér

side
perban

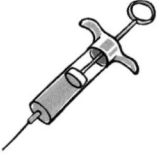

süst
injéksi

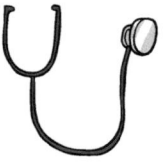

stetoskoop
stétoskop

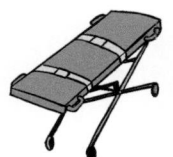

kanderaam
tandu

kraadiklaas
termométer klinis

sünd
kalahiran

ülekaaluline
obésitas

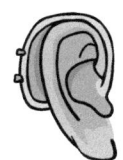

kuuldeaparaat

alat bantu dédéngéan

desinfektsioonivahend

désinféktan

põletik

inféksi

viirus

virus

HIV / AIDS

HIV / AIDS

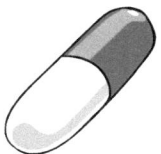

meditsiin

obat

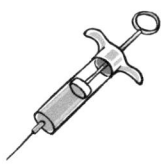

vaktsineerimine

vaksinasi

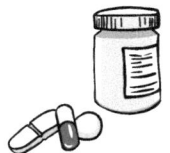

tabletid

tablét

pill

pil

hädaabikõne

panggilan darurat

vererõhuaparaat

ngukur ténsi

haige / terve

gering / séhat

Appi!	häire	kallaletung
Tulung!	alarem	gangguan
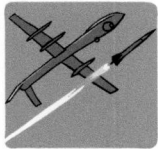		
rünnak	oht	avariiväljapääs
narajang	bahaya	panto darurat
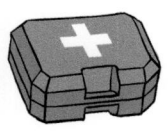		
Tulekahju!	tulekustuti	õnnetus
Seuneu!	alat pemadam kabakaran	kacilakaan

esmaabikomplekt	SOS	politsei
kotak P3K	SOS	pulisi

Euroopa

Eropa

Põhja-Ameerika

Amérika Utara

Lõuna-Ameerika

Amérika Selatan

Aafrika

Afrika

Aasia

Asia

Austraalia

Australi

Atlandi ookean

Atlantik

Vaikne ookean

Pasifik

India ookean

Samudra Hindia

Lõuna-Jäämeri

Samudra Antartika

Põhja-Jäämeri

Samudra Arktik

põhjapoolus

Kutub Utara

lõunapoolus

Kutub Selatan

Antarktika

Antartika

Maa

Bumi

maismaa

tanah

meri

laut

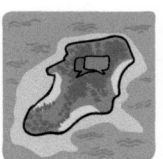

saar

pulau

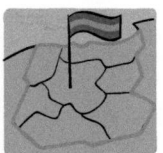

rahvus

bangsa

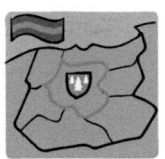

riik

nagara

sihverplaat

jam wajah

tunniosuti

jarum péndék

minutiosuti

jarum menit

sekundiosuti

jarum detik

Mis kell on?

Tabuh sabaraha?

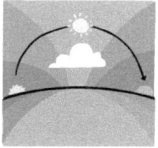

päev

poé

aeg

waktos

praegu

ayeuna

digitaalne kell

jam digital

minut

menit

tund

jam

nädal

minggu

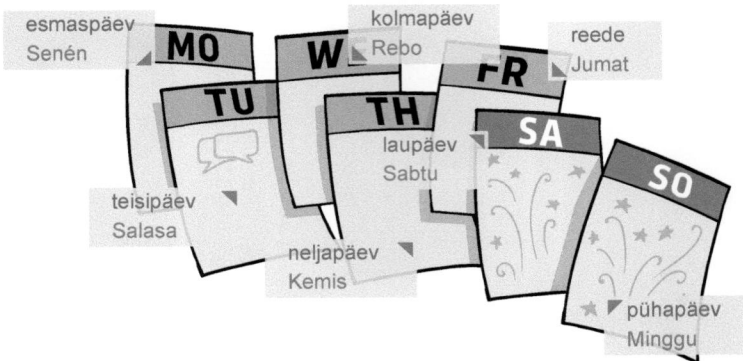

esmaspäev
Senén
MO

teisipäev
Salasa
TU

kolmapäev
Rebo
W

neljapäev
Kemis
TH

laupäev
Sabtu
SA

reede
Jumat
FR

pühapäev
Minggu
SO

eile

kamari

täna

dinten ayeuna

homme

énjing

hommik

énjing-énjing / isuk-isuk

lõuna

siang

õhtu

peuting

MO	TU	WE	TH	FR	SA	SU
1	2	3	4	5	6	7
8	9	10	11	12	13	14
15	16	17	18	19	20	21
22	23	24	25	26	27	28
29	30	31	1	2	3	4

tööpäevad

poé gawé

MO	TU	WE	TH	FR	SA	SU
1	2	3	4	5	6	7
8	9	10	11	12	13	14
15	16	17	18	19	20	21
22	23	24	25	26	27	28
29	30	31	1	2	3	4

nädalavahetus

akhir minggu

vihm
hujan

vikerkaar
katumbiri

tuul
angin

lumi
salju

kevad
musim semi

suvi
musim panas

sügis
musim gugur

talv
musim dingin

4.APRIL	11°	☀
5.APRIL	4°	🌧
6.APRIL	13°	🌧
7.APRIL	8°	❄
8.APRIL	10°	☀

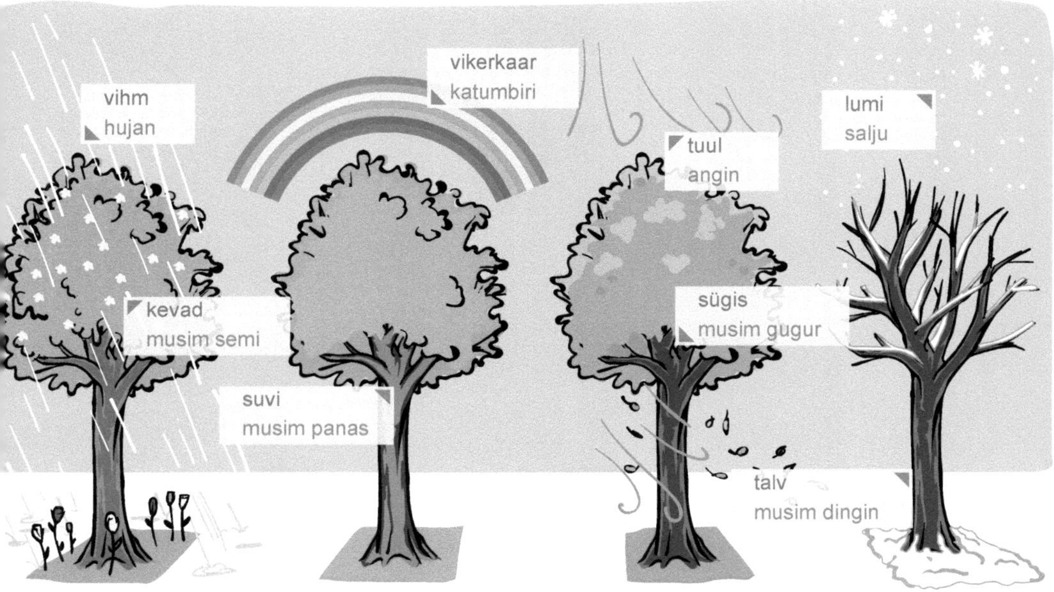

ilmaennustus
ramalan cuaca

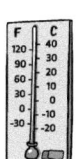

termomeeter
térmométer

päikesepaiste
panon poé

pilv
awan

udu
pepedut

niiskus
kelembaban

pikne

gelap

kõu

guntur

torm

badai

rahe

hujan és

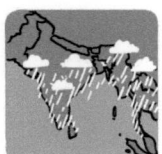

mussoon

angin muson

üleujutus

caah

jää

és

jaanuar

Januari

veebruar

Pébruari

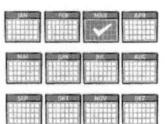

märts

Maret

aprill

April

mai

Mei

juuni

Juni

juuli

Juli

august

Agustus

september
....
Séptémber

oktoober
....
Oktober

november
....
Nopémber

detsember
....
Désémber

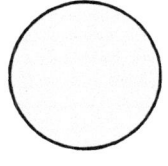

ring
....
buleudan

ruut
....
persegi

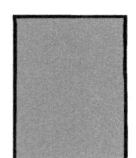

nelinurk
....
persegi panjang

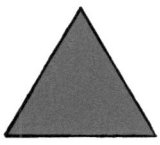

kolmnurk
....
segi tiga

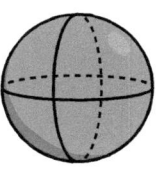

kera
....
bola

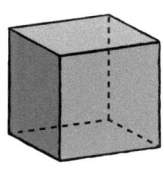

kuup
....
kubus

valge

bodas

kollane

konéng

oranž

oranyeu

roosa

kayas

punane

beureum

lilla

bungur

sinine

bulao

roheline

héjo

pruun

coklat

hall

abu-abu

must

hideung

palju / vähe

loba / saeutik

vihane / rahulik

ambek / kalem

ilus / inetu

geulis / goreng

algus / lõpp

ngamimitian / réngsé

suur / väike

gedé / leutik

hele / tume

caang / poék

vend / õde

dulur lalaki / dulur awéwé

puhas / must

bersih / kotor

täielik / puudulik

lengkep / teu lengkep

päev / öö

poé / peuting

surnud / elus

paéh / hirup

lai / kitsas

lega / heureut

söödav / mittesöödav

bisa didahar / teu bisa didahar

kuri / sõbralik

jahat / bageur

põnevil / tüdinud

sumanget / bosen

paks / peenike

badag / begang

esimene / viimane

kahiji / terakhir

sõber / vaenlane

baturan / musuh

täis / tühi

pinuh / kosong

kõva / pehme

heuras / lemes

raske / kerge

beurat / hampang

nälg / janu

kalaparan / haus

haige / terve

gering / séhat

ebaseaduslik / seaduslik

ilegal / legal

tark / rumal

calakan / bodo

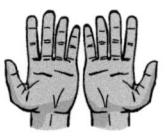

vasak / parem

kénca / katuhu

lähedal / kaugel

deukeut / jauh

uus / kasutatud

anyar / urut

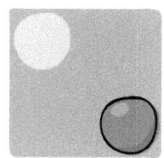

mitte midagi / midagi

euweuh nanaon / aya nanaon

vana / noor

kolot / ngora

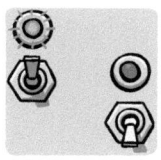

sees / väljas

hurung / pareum

lahti / kinni

buka / tutup

vaikne / vali

jempé / gandéng

rikas / vaene

beunghar / sangsara

õige / vale

bener / salah

kare / sile

kasar / lemes

kurb / rõõmus

sedih / gumbira

lühike / pikk

pendék / panjang

aeglane / kiire

alon / gancang

märg / kuiv

baseuh / garing

soe / jahe

haneut / tiis

sõda / rahu

perang / damai

0

null

nol

1

üks

hiji

2

kaks

dua

3

kolm

tilu

4

neli

opat

5

viis

lima

6

kuus

genep

7

seitse

tujuh

8

kaheksa

dalapan

9

üheksa

salapan

10

kümme

sapuluh

11

üksteist

sawelas

12

kaksteist

duawelas

13

kolmteist

tiluwelah

14

neliteist

opatwelas

15

viisteist

limawelas

16

kuusteist

genepwelas

17

seitseteist

tujuhwelas

18

kaheksateist

dalapanwelas

19

üheksateist

salapanwelas

20

kakskümmend

duapuluh

100

sada

saratus

1.000

tuhat

sarébu

1.000.000

miljon

sajuta

inglise

Inggris

Ameerika inglise

basa Inggris Amerika

mandariini

basa Cina Mandarin

hindi

basa Hindi

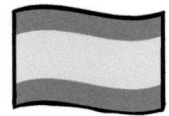

hispaania

basa Spanyol

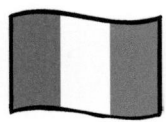

prantsuse

basa Perancis

araabia

basa Arab

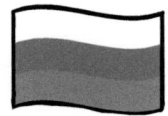

vene

basa Rusia

portugali

basa Portugis

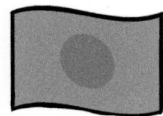

bengali

basa Bengal

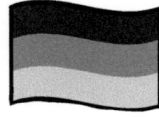

saksa

basa Jerman

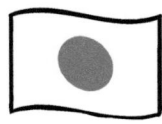

jaapani

basa Jepang

mina

urang

sina

manéh

tema

anjeunna / manéhna

meie

arurang

teie

maranéh

nemad

aranjeunna / maranéhna

kes?

saha?

mis?

naon?

kuidas?

kumaha?

kus?

di mana?

millal?

iraha?

nimi

wasta / ngaran

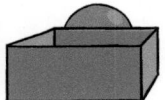

taga

di tukang

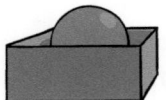

sees

di

ees

di hareup

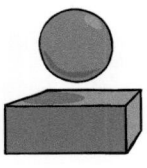

kohal

di luhureun

peal

di luhur

all

di handapeun

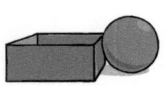

kõrval

di gigir

vahel

antawis

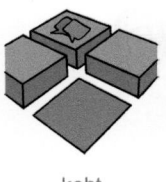

koht

tempat